AF331791

LETTRE
DE J.-S. ROVÈRE,

DÉPUTÉ DU DÉPARTEMENT DE VAUCLUSE,

A J.-B. LOUVET !

Député de la Haute-Vienne, inventeur du Remède universel contre les Conspirations, intitulé : LA PREUVE MORALE.

REPRÉSENTANT LOUVET ! ! !

J'AVOUE ingénument que je ne suis qu'une bête, que j'ai eu tort de contrarier vos sublimes opinions dans la réunion des Comités de Gouvernement, de m'opposer aux vastes mesures que vous n'avez cessé de proposer pour le plus grand bonheur des Français, en protégeant efficacement les Patriotes de 89, qui tous, à la vérité, ne vous imitent pas en vertu, en probité, en philantropie.

Vous avez enlevé dans l'espace d'un quart-d'heure le brouillard épais qui couvroit mes yeux. Votre immortel Ouvrage intitulé : *Accusation portée dans la Convention nationale, en la Séance du 24 Vendémiaire,*

A

An IV, contre *Rovère*, *Député du Départ-*
tement de Vaucluse, par J.-B. Louvet, Dé-
puté de la Haute-Vienne, a porté la lumière
dans tous mes sens. J'ai vu que tous les Lé-
gislateurs qui vous ont précédé étoient des
gnorans, des *gens à argutie, à petits moyens.*
Ils s'attachoient aux formes, demandoient des
preuves par écrit, par témoins. Ils n'ont jamais osé s'élever à cette hauteur *républicaine*
qu'il vous étoit reservé de montrer un jour
au Peuple Français.

La Preuve morale, pour faire disparoître
ceux qui nous gênent, nous fatiguent, nous
contrarient, nous déplaisent, voilà le grand
art ignoré des Licurgue, des Solon, des
Carnéades, des Caton, des Cicéron et de tant
d'autres Sages qui avoient usurpé une grande
réputation dans le monde peu instruit avant
que vous vinssiez l'éclairer.

Voilà aussi ce que vos Collègues de la Com-
mission des Onze, chargés de la rédaction
de la Constitution ont aussi ignoré, puisqu'ils
ont eu la mal-adresse de faire adopter des formes protectrices de l'innocence avant de ravir
à un Législater sa liberté.

La Preuve morale, Représentant Louvet!
est une baume souverain contre les Conspi-
rateurs, les Royalistes, les Chouans, les

(5)

Ennuyeux, les Bavards et les Gens clair-
voyans.

Un homme probé, désintéressé, comme
vous, *exempt de toute ambition, éloigné
de toute rancune*, se présente à la Tribune
avec un petit Discours, impromptu travaillé
depuis quatre mois, orné de la Preuve
morale, il demande l'arrestation d'un Représentant, il l'obtient, les scellés sont mis
sur ses papiers; il est incarceré ou en fuite :
dans l'un ou l'autre cas la Preuve morale
court le monde. Le pauvre diable est privé de
tout moyen de défense ; les héros du 2 Septembre, ceux qui détestent la journée du 9
Thermidor, les révoltés du 12 Germinal,
les amateurs de la chère Constitution de 1793,
les assassins du Représentant Féraud font
chorus avec l'ingénieux Représentant qui a
accouché de la Preuve morale, et l'homme
qui a osé proposer des mesures de justice
conformes à la Constitution, qui a voulu em-
pêcher la guerre civile, d'où seroit sorti un
Roi armé comme Minerve du cerveau de
Jupiter, est un Conspirateur, un Royaliste
en correspondance avec tous les Potentats
de la terre. Il est privé de sa liberté, de ses
moyens de défense, de la plus douce des
consolations, de voir une épouse chérie, de

A 2

caresser un enfant nouvellement né. Sa correspondance est journellemeut enlevée par des mains criminelles. Son frère est destitué de la place de Consul à Livourne, malgré les témoignage avantageux du Ministre de la République Française, qui préconise ses talens, son ardent amour pour la liberté, et les services réitérés qu'il n'a cessé de rendre à la Nation.

Vos découvertes en politique, en jurisprudence, en régime constitutionel, auront contristé l'ame de l'*incorruptible* Robespierre, lorsque son affidé Joseph Lebon lui aura fait part à sa descente dans le Tartare de vos élans de génie, il aura bien regretté cette Séance du Comité de défense générale où vous étiez entrés en pour-parlers pour assurer le bonheur des Français, et dégager la République des entraves qu'une foule de Citoyens vouloient y apporter, en revendiquant l'exécution des Loix, en réclamant la sûreté des personnes et des propriétés, en s'opposant à l'aptitude de certains personnages à s'emparer des deniers publics.

Ah! combien la France eût été heureuse, si vous lui eussiez fait part alors de votre miraculeuse invention de la Preuve morale!

Je crains pour votre honneur, exclusif

Représentant Louvet ! les réclamations de deux grands personnages, qui ont emporté chez les morts les regrets de beaucoup de vivans que vous protégez. *Dumas* et *Fouquier-Tainvillele*, ces hommes célèbres avoient approché de votre découverte ; mais je soutiendrai que c'étoit machinalement, tandis que vous avez raisonné cette théorie avec ce rare talent qui vous est personnel. Ils disoient bien : *Tu n'as pas la parole, tu es un Aristocrate, un Fédéraliste, un Royaliste, les Patriotes en sont convaincus, tu iras à la mort ;* mais c'étoit par instinct qu'ils parloient si bien dans vos principes.

Couthon, ce brave *Couthon*, qui avoit la figure quasi aussi douce que la vôtre, le cœur excellent et sans rancune, à ce qu'il nous assùroit, comme vous avez bien voulu l'annoncer aussi à toute la France en me faisant bégninement décréter d'arrestation. Ce prototype de jurisprudence avoit un peu rivalisé avec vous dans sa douce Loi du 22 Prairial. Il assùroit que la moralité du Juré patriote devoit être la seule règle à suivre pour se débarrasser des *ennemis du Peuple*. *Maignet*, son compatriote, la pratiquoit avec succès à Orange, à Marseille, à la grande satisfaction de certains hommes qui sont remplis d'estime et de vénération pour votre personne scientifique.

Ne vous étonnez pas de ce petit échec, considerez que dans tous les siècles les grands hommes ont eu des précurseurs, et que leur mérite n'en a été que plus grand. L'astre bienfaisant qui anime la nature est précédé par le crépuscule et par l'aurore, pour que ses rayons lumineux n'éblouissent pas les habitans de la terre ; ainsi vous avez été précédé par Dumas, par Fouquier-Tainville, par Couthon. Mais de combien ne les avez-vous pas surpassé ? Il étoit réservé à votre génie de nous donner la théorie parfaite des grandes mesures pour envoyer un Représentant du Peuple à l'échafaud par la route de la PREUVE MORALE.

Je n'ai pas moins admiré, Représentant Louvet! avec qu'elle supériorité vous avez surpassé les Anciens et les Modernes en dédaignant de vous astreindre aux règles du vulgaire des Poëtes et des Romanciers pour l'unité de tems et de lieu. Virgile, que je regarde à côté de vous comme un mince Auteur, s'est permis un anacronisme de trois siècles ; mais tous ses héros étoient mort depuis long-tems, et quoique vous ne m'ayez pas tué encore, ferme comme Monsieur Diaphorus

dans vos principes de la PREUVE MORALE
plus profondément gravé dans votre cons-
cience qu'aucune inscription grecque ou la-
tine sur l'airain ou sur le marbre, vous ne
vous arrêtez pas à la certitude de mon exis-
tence à Paris, lors du massacre de la Glacière, vous me donnez, de votre puissance
ministérielle, les fonctions importantes de
Portier de ce lieu détestable. Vous savez
cependant très-bien, par les Commisssaires
enquêteurs que vous avez envoyé dans mon
Département pour scruter ma conduite,
que, chargé par l'Assemblée nationale d'A-
vignon et du ci-devant Comtat, de l'honorable
mission de venir demander la réunion de
ces deux Etats à la France, je partis d'A-
vignon en Août 1791, que je remplis avec
succès mon mandat le 14 Septembre même
année; que je me présentai à la barre de
l'Assemblée législative pour lui faire part de
l'événement affreux qui avoit eu lieu à Avignon le 16 Octobre, à la suite de l'assassinat
du Patriote Lecuyer; vous savez bien que
je n'ai pas quitté Paris depuis mon arrivée
auprès de l'Assemblée constituante jusqu'à
mon envoie, par la Convention nationale,
dans le Département de Lyonne pour ap-
paiser les troubles qui menaçoient la tran-

quillité publique. Des certificats de résidence, des comparutions à la Barre des Assemblées constituante et législative, des lettres des Autorités constituées d'Avignon, des procès-verbaux de l'Assemblé nationale du ci-devant Comtat disparoissent à l'aspect terrible de votre PREUVE MORALE, c'est la lave du Vésuve mise en fusion, elle entraîne tout ce qui s'oppose à son cours.

Vous avez encore, divin inventeur en moralité ! trouvé ce pauvre Masuier, mort à la place de la Révolution de la PREUVE MORALE de Fouquier - Tainville, il vous a grandement servi pour donner à votre pinceau cette touche mâle et sombre que les grands maîtres savent employer avec succès pour inspirer l'horreur ou la pitié ; pour le coup vous avez laissé loin Homère, Virgile, l'Arioste, le Tasse. J'étois en mission dans les Départemens méridionaux à l'époque de la catastrophe de Masuier. Si vous n'étiez cuirassé de la PREUVE MORALE, vous seriez bien intrigué en compulsant tous les procès-verbaux de l'Assemblée, tous les Numéros du Moniteur, de trouver la moindre motion de ma part relative à ce martyr du despotisme. J'étois occupé à cette époque à sauver la vie aux Fédéralistes dans le midi, ce qui m'a valu dans son tems un petit envoi au Tribunal révolutionnaire, par Billaud et Barrère, précédé d'un acte d'accusation de la façon de Robespierre, basé sur des preuves certaines et non morales, que j'avois empêché l'éfusion du sang à Nismes, à Avignon et dans tous les Départemens confiés à ma surveillance. Ces alibis, prouvés par des actes aussi nombreux qu'authentiques, ne diminuent rien de l'admiration que m'inspire votre génie inventeur. Avec qu'elle grace, qu'elle légéreté vous me faites voyager de Paris à Avignon, de Nismes à Paris. Vous avez besoin de moi dans mon Département, vous me constituez *Portier* de la Glacière. Une figure oratoire vous met l'infortuné Masuier sous la main, vous me faites quitter le Midi pour être l'auteur de sa mort à Paris. Les Féeries et les Romans ne présentent rien de plus leste, de plus gai ; personne à l'avenir ne vous disputera l'art de rédiger un acte d'accusation. Ah ! combien les Parisiens seroient heureux si vous étiez Acteur au grand Opéra, quelles merveilles n'opéreriez-vous pas par la vertu de votre baguette, toutes les jolies femmes accourroient certainement pour la voir.

Vous avez eu recours au même moyen

pour Barbaroux. J'étois en mission lors du fameux Rapport d'Amar, dont le nom passera à la postérité la plus reculée, comme le vôtre. A mon retour j'ai vu avec effroi un Représentant monter à la Tribune, annoncer que Guadet, Sales, Péthion, Barbaroux, avoient été pris, et qu'ils avoient été condamnés à mort. J'ai vu alors, Représentant Louvet ! beaucoup de vos amis intimes d'à-présent, applaudir à cette affreuse nouvelle, m'adresser des reproches aigus de ce que je ne les imitois pas. Vous n'ignorez pas ce fait, vous avez supérieurement bien fait en me faisant jouer un rôle dans cette affaire, comment sans cette ressource eussiez-vous pu faire adopter vos conclusions par certains de vos Collègues, qui étoient très-instruits des peines, des soins, des dégoûts, des vociférations auxqu'elles je m'étois constamment exposé pour solliciter la rentrée des soixante et treize dans le sein de la Convention, et le rapport du Décret qui vous excluoit vous et votre collaborateur en Preuve morale, le Docteur Hardi.

Nous voici au trente-un Mai. Vous me gratifiez d'un rôle important; vous avez effectivement suivi les règles de votre art, (la Romancerie). Il faut que le héros se trouve par tout, fut-il mort, l'Auteur doit opérer un prodige et le mettre en scène. Vous avez lu, véridique Représentant Louvet! les pièces importantes transmises aux Comités de Gouvernement par le Représentant Bernard-Saint-Afrique; vous avez lu les noms de tous les Conjurés, celui des Présidens et Membres des Comités secrets; vous avez su quelles étoient les sommes fournies pour cette affreuse journée. Ah! si vous aviez vu mon nom de loin ou de près comme vous seriez content! quel baume consolateur couleroit dans toutes vos veines! Vous avez surmonté cette mince difficulté avec un talent incroyable; vous avez fait un *imbroglio*, vous avez parlé de sept Royalistes. Je devois être du nombre au moyen de votre Preuve morale, la chose demeure prouvée et plus claire que le jour. Vous n'ignorez cependant pas que je manquai de perdre la vie dans cette journée. Je trouvai à la porte du Palais national un de vos sept Royalistes, vêtu en sans-culottes, pour se mieux déguiser sans doute, qui me mit poliment la bayonntete sur la poitrine, en me disant : que les Députés étoient des coquins. Je voulus sortir par la porte de l'Orangerie; voilà encore vos Royalistes qui s'emparent de moi dans le passage, et me font passer la vie

assez dure et pénible. Vos sept Royalistes
étoient bien acharnés à ma personne, Représentant Louvet ! ! ! !

Lorsque le Corps législatif m'aura réintégré dans les droits dont le Peuple Souverain
m'a constitutionnellement investi, je solliciterai auprès de vous une audience pour entendre vos commentaires sur les ouvrages du
Citoyen Secrétaire de la République de Florence, Machiavel. Il me paroît que je ne suis
qu'un très-petit garçon auprès de vous. Je ne
l'ai lu depuis longues années, et je m'apperçois que vous en faites votre lecture chérie.
Vous avez un paragraphe dans mon acte d'accusation impayable; il s'agit des Sections de
Paris; vous vous rappellez très-bien que, suivant les maximes de cet Ecrivain fameux,
vous souteniez qu'il falloit insérer dans le rapport que les *Assemblées Primaires vouloient
affamer Paris.* Un Membre vous observa que
le fait n'étoit pas certain; avec quelle présence d'esprit vous ripostâtes avec cette
loyauté qui ne vous abandonne jamais, que
*quand le fait seroit faux, il faudroit toujours
l'assûrer à la Tribune.* C'est alors que j'eus la
bonhommie de dire : *que la calomnie ne
devoit jamais être employée par un Gouvernement Républicain, et qu'il étoit tems*

de proscrire les Carmagnoles à la Barrère.
J'avoue , Représentant Louvet ! que j'ai
commis une très-grande erreur en m'opposant à vos vues d'humanité, et sur - tout je
suis confus que les deux Comités aient adopté
mon observation. Une prévarication pareille
de ma part mérite au moins un décret d'arrestation.

Je me répens bien aussi d'avoir fait vacar-
me pour ces misérables presses et ces caractères de Didot que vos Ouvriers empêchent de
se rouiller pour le plus grand bien de la République. D'ailleurs vous les rendrez quand vous
en serez requis, rien de plus honnête de votre
part, et rien de plus mal avisé de la mienne.
Vous ignoriez la sottise que j'avois faite , c'est
moi qui ai eu la mal-adresse de vous en ins -
truire en Comité général. Je n'aurois jamais
cru à une aussi grande négligence de la part
de certains de mes Collègues, qui ne vous en
avoient pas instruit, comme je dois le croire,
puisque vous me l'assûrez dans mon acte
d'accusation. Lorsque j'appris que vous
aviez compulsé au Comité de Salut public
toute ma correspondance pendant mes di-
verses missions , que vous aviez envoyé de ces
braves gens que vous avez à votre disposi-
tion dans mon Département pour me trou-

ver quelque rogne, j'ai cru bonnement que vous aviez les presses sur le cœur et les caractères de Didot dans la tête.

La douce satisfaction de m'entretenir avec vous m'entraîne au-delà des bornes d'une Epître. Je ne peux cependant quitter la plume sans vous recommander un *Patriote pur*, qui a bien mérité auprès de vous, c'est le *brave Soulet*, confident et correspondant du *vertueux* Chalier. Ce Soulet, accoutumé à rendre des services aux *fameux* Patriotes, fut pris en flagrant délit au Comité de Sûreté général (où il étoit alors employé) enlevant des pièces dans un carton pour les transmettre à Collot-d'Herbois et à Billaud Varennes; il fut chassé et incarcéré pour cette œuvre patriotique. Lorsque vous avez obtenu mon décret d'arrestation, Soulet a été élargi et réintégré dans ses fonctions. Il a été chargé d'apposer les scellés sur mes papiers. Il s'en est acquité en ami de mon dénonciateur Chalier, de mon envoyeur au Tribunal révolutionnaire Billaud-Varennes, et de vous, aimable Représentant Louvet! qui êtes assez espiègle pour avoir fait le projet de m'envoyer rondement à un Conseil Militaire où vous présumiez de faire adopter votre PREUVE MORALE.

Soulet s'est emparé de ma correspondance

journalière, sans montrer d'ordres, sans faire des reçus. Empressé de concourir à vos vues bienfaisantes, il a proposé son portefeuille à la Portière de ma maison pour savoir le lieu de ma retraite.

Ne pouvant obtenir l'impossible par l'apas de l'argent, il a voulu l'opérer par les charmes de sa personne, en lui faisant des propositions libidineuses, qui ont été repoussées avec la même indignation. Recompensez Soulet, Représentant! il a bien mérité auprès de vous, il pouvoit vous rendre de très-grands services, il a habité long-tems une barraque, *ici l'on écrit pour le public.* Si par votre art enchanteur vous m'eussiez envoyé à un Conseil Militaire, ne s'étant pas abstreint à constater la quantité de lettres qui arrivoient à mon adresse, vous auriez pu faire la plus belle carmagnole qui eût paru depuis le déluge. Vous auriez trouvé par les peines du Jacobin Soulet, des lettres de Basle, de Vienne, de Rome, de Petesbourg, ect., ect., alors votre Preuve morale étoit assûrée pour toujours; vous étiez le premier homme du monde. Avouez que cette étourdi qui a demandé le Comité général a bien désorganisé vos plans, comme vous l'observez très-bien dans mon acte d'accusation? Aussi avez-vous eu le désagrément de vous voir censurer par le grand oracle des conjurations, Thuriot, qui a dit publiquement que vous n'aviez pas rempli vos engagemens, et que vous n'aviez pas atteint encore le dégré de perfection que vous acquerez un jour, si l'on n'y met obstacle; il vous reproche d'avoir morcelé son plan, qui étoit infaillible pour mettre en sûreté soixante Députés au moins. Voyez les déclarations faites au Comité de Sûreté générale. Passez - moi cette petite PREUVE, quoiqu'elle ne soit pas MORALE.

Je vous quitte à regret, Représentant Louvet! sans adieu, dans quelques jours nous parlerons de la Durance, de Marseille. Je vous prierai de me donner quelques leçons de tactique que vous paroissez connoître parfaitement, nous comparerons votre PREUVE MORALE avec la vieille routine des Grecs et des Romains adoptée par la Nation Française.

S. ROVÈRE.

A PARIS,

DE L'IMPRIMERIE DE GUERBART,

Hôtel du Parc, rue du Colombier.